# *La sainteté dans la vie de tous les jours*

## Guide pratique de la sainteté

# La sainteté dans la vie de tous les jours

## Guide pratique de la sainteté

## George Lyons

### Éditions Foi et Sainteté
Kansas City, Missouri

Titre original: *Holiness in Everyday Life*

Traduit de l'anglais par: SUY Bi Gooré Fortuné et révisé par Vanessa Baretto
Editeur : Daniel Gomis
Bureau de la littérature en Afrique francophone
B.P.5675 Dakar-Fann
Dakar, Sénégal

ISBN : 978-1-56344-384-8

Publié par Éditions Foi et Sainteté (6401 The Paseo, Kansas City, Missouri)
avec permission de l'auteur.

Sauf indication contraire, toutes les citations de la Bible sont tirées
de la version Louis Segond.

DIGITAL PRINTING

# Préface

Soyez les bienvenus à une autre visite guidée sur les hauts sentiers de la sainteté. Sur le sujet, les théologiens ont fait couler beaucoup d'encre. Les prédicateurs ont donné un nombre incalculable de sermons sur la question. Et j'entends encore les étudiants formés dans les églises de sainteté se plaindre : « Je ne comprends pas l'entière sanctification ». Pourquoi ajouter encore des mots à ce tout déjà confus ? Peut-être avons-nous passé plus de temps à encourager les gens à s'embarquer pour le voyage qu'à décrire les repères et les indices se trouvant tout au long du chemin.

Cette modeste contribution au thème de la sainteté chrétienne pourrait se justifier par une autre raison. Dans son approche, elle essaie d'être biblique et non théologique, de se présenter sous la forme d'un exposé et non d'une doctrine. Les trois premiers chapitres de ce petit livre se focalisent sur l'un des textes classiques de la doctrine de la sainteté, à savoir Romains 12.1-2. Le quatrième chapitre se focalise sur Ephésiens 4.1-6.

Le livre de Romains est l'un des plus importants documents du christianisme primitif. Il a joué un rôle significatif dans les pérégrinations chrétiennes de Saint Augustin, de Martin Luther et de John Wesley. Dans la lettre de Paul aux Romains, le chapitre 12.1-2 marque le passage des préoccupations théoriques et théologiques à celles de la pratique et de l'éthique. Le texte biblique commence par les propos familiers suivants : « Je vous exhorte donc, frères... ».

La lettre aux Ephésiens présente une vision frappante de l'unité de l'Eglise chrétienne ; cette vision a bien souvent donné à ceux qui l'ont étudiée la nostalgie d'un lieu où ils n'ont jamais mis les pieds. Malheureusement, une des dimensions de la prière sacerdotale de Jésus pour la sanctification de ses disciples demeure sans réponse. Il pria pour qu'ils soient unis afin que le monde incrédule vienne à la foi par le témoignage du saint amour dans la vie des hommes (voir Jean 17.17-23).

Dans le même ordre d'idées que Romains 12.1-2, Ephésiens 4. 1-2 marque le début de la seconde partie de la lettre. Les trois premiers mots du texte grec sont la répétition exacte de ceux de Romains 12. 1. Dans les deux passages, ces mots marquent la transition entre **ce que nous devrions croire** et la manière dont nous devrions nous comporter.

La première partie des deux lettres prévoit les bases **théoriques** des applications **pratiques** de la seconde partie. Les chapitres introductifs de Romains et d'Ephésiens nous informent des dispositions de la grâce divine pour le rachat de ce monde déchu, à travers la vie d'un peuple saint. Les derniers chapitres nous donnent des instructions sur la manière de vivre appropriée pour des personnes qui ont reçu une si haute vocation.

*La sainteté, l'entière sanctification, la perfection chrétienne* – tous ces termes distinguent la doctrine particulière des églises de la tradition wesleyenne de la sainteté. Ce n'est pas pour suggérer que la sainteté est notre doctrine mère. Aussi décisive soit-elle, notre foi reste fermement attachée au Dieu qui s'est fait connaître dans l'homme, Jésus de Nazareth ; et non à l'une de ses expressions quelconque de grâce à notre égard. Christ a ouvert la voie pour nous, Il l'a aussi empruntée avant nous et nous appelle à le suivre (voir Hébreux 12.1-2, 14). Devenir semblable à Christ, voici notre vocation, les hauts sentiers de la sainteté ne sont que la voie qui mène vers cette finalité.

Dans ces chapitres, je ne fais pas la plaidoirie de la doctrine de la sainteté, ni aucune tentative pour la prouver. Je ne fais qu'assumer sa vérité, tout en essayant de la proclamer, de lui donner un sens, de montrer sa position dans la Bible ; et ce, dans l'optique de la mettre en pratique. Ma conviction, c'est que le message de la sainteté dans la vie de tous les jours n'est ni une petite rue, ni un détour ; c'est une voie de communication essentielle des Ecritures Saintes.

Passons de l'analogie portant sur les hauts sentiers de la sainteté à celle relative à la voiture. La sainteté n'est pas comparable à un équipement facultatif qui rend une voiture très belle et lui donne un confort accessoire. Cette confusion a amené beaucoup de chrétiens dévoués et sincères à emprunter la voie sans espoir du légalisme. La sainteté n'est pas aussi superficielle que le manuel du propriétaire d'une voiture qui fait état de ce qu'il faut et ce qu'il ne faut pas faire, prescrivant par exemple la fréquence des changements d'huile et la masse d'air appropriée à mettre dans la chambre à air. Le style de vie de la sainteté est plus qu'un musée d'antiquité – qu'une curiosité d'une époque révolue. La sainteté authentique est au cœur même de l'expérience chrétienne, comme le moteur ou la puissance d'une voiture.

La sainteté n'est pas simplement un poste de péage se trouvant le long du chemin que nous empruntons. On *n'obtient pas* la sainteté en un instant au cours d'une prière. Ce n'est pas simplement une transaction entre un croyant né de nouveau et Dieu, au cours de laquelle si nous payons le droit de passage, Dieu nous donne la permission de continuer notre route. Cependant, l'analogie d'une pièce peut illustrer ce que nous développons. Tout comme les deux faces d'une pièce, à la fois inséparables et nettement différenciées, ainsi sont les doctrines centrales du salut – la justification et l'entière sanctification. Nous sommes justifiés afin d'être sanctifiés. Nous sommes sanctifiés afin de servir Dieu et les personnes avec un amour semblable à celui de Christ. La sainteté n'est pas un détour sur le chemin ; c'est le chemin.

Mon intention n'est pas de vous impressionner avec des grands mots ou des théories théologiques complexes. Si la doctrine de la sainteté est vraie, elle peut être expliquée de manière simple. La préoccupation de ce livre n'est pas essentiellement de parler d'une doctrine ou même d'une expérience. Ma préoccupation ne se limite pas seulement à la théorie, mais inclut la pratique — la sainteté dans la vie de tous les jours ; non pas dans un monde inaccessible, mais dans le monde réel — les chemins ordinaires de la vie.

La sainteté est une vie agréable à Dieu, une vie que les chrétiens ont le privilège de vivre par la puissance du Saint Esprit, un privilège rendu possible par la mort salvatrice de Jésus Christ. Certes, la sainteté, en tant que relation entre les croyants et le Dieu en trois personnes, a un commencement dans le temps. Et pour beaucoup, l'endroit le plus approprié pour commencer le voyage, c'est l'autel de l'église. Mais la sainteté ne saurait se cantonner à une expérience de crise, de même qu'un mariage ne saurait se réduire à la cérémonie de noces. Dans les deux cas, ce qui se passe à l'autel change pour toujours notre vie si nous respectons nos vœux.

L'élément biblique essentiel des trois premiers chapitres, c'est Romains 12.1-2. Le premier chapitre est relatif aux dispositions de la sainteté : la voie de Dieu digne de confiance; le deuxième chapitre concerne le processus de la sainteté : l'œuvre transformatrice de Dieu ; et le troisième chapitre traite de l'objectif de la sainteté : le triomphe de la volonté de Dieu. Le fondement du quatrième chapitre, c'est Ephésiens 4.1-6, la pratique de la sainteté : le test de la valeur de Dieu.

Ces chapitres sont le résultat d'une longue introspection personnelle. Ma première tentative d'exposer le message de Romains 12.1-2 eut lieu en 1973, durant ma dernière année au Séminaire Théologique Nazaréen. Ce fut le texte sur mon plus ancien sermon qui fut retenu parmi les textes des finalistes du prix annuel de sermons sur la sainteté. Quoique mon sermon n'ait pas remporté le premier prix, j'étais fréquemment invité à prêcher sur le sujet de la sainteté, au cours des années qui ont suivi. Cela m'a permis d'améliorer, d'adapter et de développer mon effort initial.

Les premières versions de ces chapitres ont été prêchées dans les églises nazaréennes en divers endroits du monde : Havane, Sandwich, Bourbonnais et DeKalb (Illinois), Paris (Tennessee) et Brisbane (Australie). Les présents chapitres ont conservé de près la forme qu'ils avaient lorsqu'ils furent donnés sous forme de conférences au *Eastern Nazarene College* les 9, 10 et 11 octobre 1990.

Ce fut pour moi un grand privilège, en tant que théologien de l'église, de témoigner dans la vie des gens ordinaires, dans des lieux ordinaires, de la réalité extraordinaire qui donne à ce livre son titre, « *La sainteté dans la vie de tous les jours : Guide pratique de la sainteté.* » Ainsi, je suis heureux de dédier ces chapitres à ces centaines de laïcs nazaréens qui les ont patiemment écoutés dans leurs diverses versions primitives. Leurs questions et suggestions ont contribué de manière significative à la clarté et à la pertinence pratique qui dominent les présents chapitres. Mon vœu et ma prière sont que ce petit volume soit un encouragement pour eux et pour d'autres (dans des contrées où je ne mettrai jamais les pieds), dans notre voyage commun sur les hauts sentiers de la sainteté.

**Georges Lyons**
*Professeur de littérature biblique*
Northwest Nazarene University
Nampa, Idaho (Etats-Unis)

# 1

## Les dispositions de la sainteté

### *La voie digne de confiance de Dieu*

Romains 12.1-2

*Je vous exhorte donc, frères, par les compassions de Dieu, à offrir vos corps comme un sacrifice vivant, saint, agréable à Dieu, ce qui sera de votre part un culte raisonnable. Ne vous conformez pas au siècle présent, mais soyez transformés par le renouvellement de l'intelligence, afin que vous discerniez quelle est la volonté de Dieu, ce qui est bon, agréable et parfait.*

## A. L'appel

L'importance de ce passage est soulignée par l'appel qui en indique le début: **Je vous exhorte** de faire don de votre personne à Dieu. De tels appels marquent souvent, dans les lettres de Paul, le passage des préoccupations doctrinales aux préoccupations pratiques. Nous reviendrons sur le contenu spécifique de l'appel, « Je vous exhorte à offrir vos corps comme un sacrifice vivant à Dieu », au chapitre 2.

## B. L'autorité

Pour l'instant, notons d'abord *l'autorité* de l'appel. Paul ne dit pas, faites ceci parce que je le dis, ou parce que votre dénomination vous le demande. Non! L'autorité est ici représentée par « les compassions de Dieu ». Faites-le parce que c'est à Dieu que revient tout le mérite et il a aussi pourvu pour cela. L'appel est basé sur les compassions de Dieu déjà expérimentées et décrites en Romains 1-11.

Que veut dire Paul ? La miséricorde ou la grâce divine : Qu'est-ce que cela signifie? Il ne s'agit certainement pas d'une simple inclination de Dieu à fermer les yeux sur le péché ou de sa volonté de pardonner aux pécheurs. La miséricorde, il est vrai, est une manière différente de dire que Dieu aime les pécheurs en dépit de leurs péchés, mais ce n'est pas tout. La définition usuelle est correcte en tant que telle : c'est la faveur imméritée de Dieu à ceux qui n'ont aucun mérite. Mais plus qu'un simple don, c'est le fait de recevoir la puissance, de devenir une personne capable ou revêtue de l'esprit. La grâce assigne une tâche à celui qui la reçoit et lui donne la force de pouvoir l'accomplir.

A la lecture de Romains 1.5, nous voyons que Paul dit qu'il a reçu « la grâce et l'apostolat », c'est à dire une tâche et la capacité de l'accomplir. Mais au-delà de cela, il a reçu une raison de vivre, à savoir, amener les non croyants à la foi et à l'obéissance à Jésus Christ. Nous n'avons pas tous été appelés à être des apôtres, mais puisque chacun de nous forme un membre de l'église, nous avons été appelés à faire l'œuvre de Dieu dans le monde. Revenons à Romains 12, et réfléchissons sur les versets 3-8. Nous avons tous reçu des dons différents pour le service. Le verset 6 pourrait être traduit ainsi : « Parce que Dieu nous a tous donné des dons différents, servons-nous de ces dons » (paraphrase de l'auteur).

Une vue d'ensemble des 11 premiers chapitres de Romains révèle pleinement les implications de la miséricorde. Permettez-moi de les résumer.

**Dans les trois premiers chapitres,** Paul écrit que l'évangile est l'incroyable bonne nouvelle selon laquelle Dieu a préparé une voie de salut pour tous les peuples. Mais cette bonne nouvelle est directement confrontée à la mauvaise nouvelle selon laquelle tous les hommes sans exception sont des pécheurs conscients, des pécheurs par choix, des esclaves sans espoir du péché, des morts au péché, qui méritent le jugement. Ceci est aussi vrai pour les païens impies que pour ceux qui sont dans les religions, tous ont péché. On pourrait difficilement appeler évangile ce malheureux état des choses, n'eut été la grâce de Dieu. Dieu, dans son amour parfait, a fait par Jésus Christ ce que les pécheurs n'auraient pas pu faire pour eux-mêmes. Dans son amour, Dieu a été fidèle à son alliance, c'est à dire à sa promesse en dépit de l'infidélité des hommes.

Dieu a librement offert Jésus Christ pour qu'il soit la voie par laquelle tous les péchés peuvent être pardonnés, la seule et unique voie du salut pour tous ceux qui le reçoivent simplement par la foi, en signe d'obéissance envers Dieu. Parce que tous ceux qui sont rendus justes en Dieu sont gracieusement justifiés par le don de Dieu, personne ne peut se glorifier ; personne ne peut s'enorgueillir d'avoir gagné Dieu, aucun homme ne mérite sa grâce.

**En Romains 4,** Abraham est la preuve de l'Ancien Testament que le salut est un don, et non une récompense pour services rendus. La foi d'Abraham en Dieu n'était pas une œuvre qui méritait la promesse de Dieu. La promesse fut faite d'abord. La foi est la réponse reconnaissante d'Abraham face à cette promesse qu'il accueille comme vraie, malgré toutes les circonstances qui prouvaient le contraire. Abraham n'avait pas d'enfant et était âgé de 99 ans quand Dieu lui promit ainsi qu'à sa femme âgée de 89 ans qu'ils seraient les parents d'une multitude de descendants si nombreux qu'on ne pourrait les dénombrer. En entendant la promesse, Abraham et Sara réagirent comme nous l'aurions fait dans des circonstances identiques : ils ont éclaté de rire. Mais quand le bébé Isaac naquit une année plus tard, c'était Dieu qui riait. Saviez-vous qu'Isaac signifie en hébreux « le rire » ?

Ce fut la miséricorde qui transforma le rire de l'impossibilité humaine en un rire de réjouissance dans le Dieu pour qui rien n'est trop difficile. Pour Abraham, avoir la foi signifiait tout mettre en œuvre par soi-même pour atteindre les promesses de Dieu. Cela signifiait arriver à une confiance inébranlable dans le Dieu qui ressuscite les morts et qui « appelle à l'existence ce qui n'existe pas » (verset 17, la Colombe). Et il en est ainsi pour nous. Loin d'être une œuvre, la foi, c'est abandonner toutes mes prétentions de fausse justice personnelle afin de recevoir le don de la justice que seul Dieu est à même de donner.

**Les chapitres 5 à 8 de la lettre aux Romains** décrivent les conséquences de la justification par la grâce à travers la foi uniquement. Etre justifié signifie rétablir de bonnes relations avec Dieu. Cela n'est possible que par les mérites de Jésus Christ.

« Etant donc justifiés par la foi, nous avons la paix avec Dieu par notre Seigneur Jésus Christ ... car lorsque nous étions encore sans force, Christ, au temps marqué, est mort pour des impies ... Dieu prouve son amour envers nous, en ce que, lorsque nous étions encore pécheurs, Christ est mort pour nous » (5.1, 6, 8).

L'amour de Dieu révélé en Jésus Christ n'est pas un acte exceptionnel — comme si Dieu était un vieillard sensible qui, un beau jour, décida d'être bon. Paul raisonne : « Que dirons-nous donc à ce sujet ? Si Dieu est pour nous, qui sera contre nous ? Lui, qui n'a point épargné son propre fils, mais qui l'a livré pour nous tous, comment ne nous donnera-t-il pas aussi tout avec lui, par grâce ? » (8.31-32)

Par conséquent, nous concluons que la miséricorde ou la grâce est l'engagement de Dieu lui-même et de ses ressources inépuisables pour l'humanité en Christ. C'est le don absolu de Dieu lui-même. Et, c'est sur cette base que Paul lance son fervent appel: « Offrez vos corps ... à Dieu ». Soyez engagés envers Dieu. Mettez toute votre confiance en Dieu.

La confiance. Qu'est-ce qui donne de la valeur à la confiance, à la foi ou à la croyance ? Les protestants croient que nous sommes justifiés par la foi.

Mais le sommes-nous en vérité ? Est-ce la foi dans la foi qui nous sauve ? Certainement pas. C'est la foi en Dieu.

Quand ma femme et moi sommes allés nous installés à Kankakee, dans l'Etat de l'Illinois aux Etats-Unis, pour commencer un enseignement à l'Université Nazaréenne de Olivet, nous possédions deux vieilles voitures. Un matin, j'ai pris l'une d'entre elles pour aller quelque part. Quand je suis arrivé au panneau stop de notre rue, j'ai freiné. La pédale de frein a touché le plancher avec une facilité inhabituelle et la voiture s'est élancée à travers le carrefour. Heureusement, personne ne venait. Ma confiance en l'efficacité de mes freins ne m'a été d'aucun secours, parce que la culasse était défaillante, et toute l'huile du frein formait une flaque sur la route, à l'endroit où la voiture s'était arrêtée.

Imaginez le sort d'un homme qui se lève en plein milieu de la nuit avec une migraine lancinante. Il saisit dans le noir une boîte contenant du poison au lieu d'une boîte d'aspirine. Sa foi que son mal sera guéri est mal fondée. On pourrait écrire sur sa pierre tombale : « il est mort dans la foi ». Une telle foi sans fondement n'est pas salvatrice. Elle est destructrice.

Il y a quelques années, Tom Gill était en campagne politique. Partout, on pouvait voir des affiches et des panneaux annonçant ce message : « vous pouvez avoir confiance en Tom Gill ». Partout, on voyait des enfants arborer des tee-shirts avec la même inscription. Cela incita un visiteur à en savoir plus, et il décida de dire quelque chose à la prochaine personne qu'il rencontrerait. Il vit un enfant avec le tee-shirt et lui dit : « Comment sais-tu que tu peux faire confiance à Tom Gill ? » Le petit garçon, regardant le visiteur, redressa les épaules, se racla la gorge, et répondit avec confiance : « parce que c'est mon papa ! ».

Comment savons-nous que nous pouvons faire confiance à Dieu dans notre vie ? Parce que Jésus Christ l'a dit. Notre confiance dans les dispositions de la sainteté ne s'appuie pas sur la parole d'un homme quelconque ou sur celle d'un apôtre, ni même sur la doctrine d'une quelconque église. Notre confiance ne dépend pas des prédicateurs ou des professeurs. Notre confiance repose sur les voies dignes de confiance de Dieu en relation avec l'humanité. Dieu est la source de la sanctification, et il est sûr. « Celui qui vous a appelés est fidèle, et c'est lui qui le fera » (1 Thessaloniciens 5.24).

## C. Les destinataires

Si Dieu est l'autorité qui dirige l'appel de Paul à une confiance inconditionnelle, à l'abandon de soi, qui est la condition humaine pour recevoir sa grâce qui sanctifie, qui en sont les *destinataires* ? Paul les appelle « frères ». Mais il ne s'adresse pas seulement à des hommes. Le terme pourrait être traduit par « frères et sœurs », il désignait tous les chrétiens. La lettre aux Romains était adressée à une communauté de croyants. Ils n'étaient pas des pécheurs désespérés. Paul dit d'eux au chapitre 1 « votre foi est renommée dans le monde entier » (Verset 8, La Colombe). Ici, dans notre texte, il dit que les corps qu'ils doivent offrir à Dieu comme sacrifice sont vivants, saints et agréables.

Ils sont vivants. Ils ne sont plus des pécheurs sans espérance. Dieu leur a donné un nouveau départ dans la vie. Ils « marchent en nouveauté de vie » (Romains 6.4). Ils sont vivants pour Dieu en Jésus Christ (verset 11). Ce sont des « vivants revenus de la mort » (verset 13).

Et ils sont déjà saints, en un sens. Au chapitre 1, Paul les appelle « saints », littéralement (« ceux qui sont saints »). Ils sont saints grâce aux dispositions de Dieu et ils appartiennent ainsi à Dieu, le Saint. Ils lui appartiennent d'abord parce qu'il les a créés, et maintenant parce qu'il les a rachetés. Ils ont été séparés de leur ancienne vie de pécheurs. Ils ont été sauvés. Et en tant que tels, ils sont une offrande agréable, digne d'être offerte à Dieu.

Si les croyants nés de nouveau, les personnes véritablement justifiées, vivent de manière sainte et agréable à Dieu, pourquoi Paul fait-il cet appel pour un engagement envers la sanctification ? Souvent, les prédicateurs de la sainteté ont diminué le travail de la régénération afin de faire assez de place et pour satisfaire à la nécessité d'une entière sanctification.

John Wesley n'était pas coupable de cette erreur. Dans l'un de ses sermons classiques, il dit que nous considérons l'état des personnes justifiées comme étant un état de grandeur et de gloire inexprimable. Ils sont nés de nouveau. Ils sont des enfants de Dieu, membres du Christ, héritiers du Royaume des Cieux. Ils jouissent de la paix de Dieu. Leurs corps sont des temples du Saint Esprit. Ils sont de nouvelles créatures en Jésus Christ. Ils sont purifiés et sanctifiés. Leurs cœurs sont purifiés par la foi. Ils sont affranchis de la corruption qui est dans le monde. Et aussi longtemps qu'ils marcheront dans l'amour, ce qu'ils devraient toujours faire, ils adoreront Dieu en esprit et en vérité. Ils observent les commandements de Dieu et font ce qui lui est agréable, si bien que leur conscience est dépourvue d'offense envers Dieu et envers l'humanité. Et à partir du moment où ils sont justifiés, ils ont l'autorité à la fois sur l'aspect intérieur et extérieur du péché. Mais Wesley continue. Quoique les croyants aient été affranchis du pouvoir du péché, « le péché demeure, même s'il ne règne pas ». Le péché, sous la forme de l'orgueil, de l'égocentrisme, des désirs égoïstes et de la confiance en soi, demeure, mais ne gouverne pas la vie des personnes converties. Mais Christ ne peut régner là où le péché demeure. Libérés de l'esclavage du péché, les personnes justifiées sont prises entre deux forces cherchant à les soumettre.

En Romains 8, Paul décrit ces deux forces comme étant la chair et l'esprit ; en Romains 6 comme étant le péché et Dieu, la loi et la grâce. Les croyants qui « viennent d'être justifiés » entrent brièvement dans une sorte de zone démilitarisée. Les soldats sont de chaque côté de ce terrain neutre. Ceux qui sont au milieu doivent faire acte d'allégeance et choisir leur camp.

Au cours des mois de décembre et janvier 1980 et 1981, ma femme et moi avons passé plusieurs semaines en terre sainte avec quelques étudiants de l'Université Nazaréenne de Olivet. La destination de notre excursion était Israël. Mais au retour, nous devions passer par Hamann, en Jordanie. Pour atteindre Hamann, nous devions traverser le pont Allenby qui traverse le fleuve Jourdain. A ce niveau, le fleuve est étroit et peu profond, et le pont est petit. Une bande de terre de moins de 3kms séparait les forces hostiles qui étaient armées de mitraillettes. De toute évidence, ce n'était pas un endroit indiqué pour s'établir.

Ainsi en est-il de l'expérience du croyant qui « vient d'être justifié », qui est « seulement converti ». Libéré de notre ancienne vie de pécheur, nous avons une nouvelle possibilité. Nous pouvons retourner à notre ancienne vie de pécheur, ou nous pouvons présenter à Dieu notre corps racheté.

**La justification est la délivrance du pouvoir compulsif et aliénateur du péché, l'œuvre généreuse de Dieu en Christ pour nous.** Libérée de l'ancien esclavage du péché, la personne justifiée se tient entre deux forces cherchant à la soumettre. Pour la première fois, nous sommes libres de choisir notre maître, mais nous ne sommes pas libres d'être libres. Le fait que le péché demeure dans l'expérience vécue par la personne qui vient d'être justifiée, se voit dans notre obsession à croire que nous pouvons maintenir notre nouvelle vie et notre liberté par nous-mêmes et par notre propre force.

**La sanctification est l'acceptation de la responsabilité pour la vie et la liberté que Dieu a donnée, l'œuvre généreuse de Dieu en nous à travers le Saint Esprit.** « Car le Christ est mort et revenu à la vie pour être le Seigneur des morts et des vivants » (Romains 14.9, *Français courant*). « Il est mort pour tous, afin que les vivants ne vivent plus pour eux-mêmes, mais pour celui qui est mort et ressuscité pour eux » (2 Corinthiens 5.15 – *La Colombe*).

Parce que Dieu est celui qu'il est, il ne nous sanctifie pas sans notre accord. Il nous donne la vie, et c'est à nous de décider ce que nous voulons en faire. Ainsi Paul lance son appel : Offrez « vos corps comme un sacrifice vivant … à Dieu ». **Pourquoi** devrions-nous agir ainsi ? Et en **quoi** cela consiste ? Nous le saurons dans le prochain chapitre.

## D. Une tâche

Avant d'aborder le prochain chapitre, j'aimerais vous assigner une tâche, une mission. Mettez momentanément le livre de côté Croisez les bras, puis placez-les sur vos genoux. Ensuite, tenez-vous debout. A nouveau, croisez les bras et placez les sur vos genoux. Vous ne pouvez pas le faire, n'est-ce pas ?

Le genou est réel mais il n'existe que pour ceux qui sont assis. C'est le résultat d'une relation particulière entre vos jambes et le tronc de votre corps. Si vous deviez vous asseoir à nouveau, votre genou réapparaîtrait soudainement.

L'analogie du genou pourrait être appliquée à la vie chrétienne. Dieu nous a mis dans une relation juste avec lui-même – il nous a, pour ainsi dire, redressés. Et il nous a appelés à marcher selon l'Esprit. (Romains 8.1-17). Aussi longtemps que nous le ferons, notre genou n'existera pas. Asseyez-vous à nouveau et il réapparaîtra comme avant.

La puissance du péché – cette nature charnelle de laquelle nous avons été affranchis n'est rien d'autre qu'un genou. Mais sa réalité est aussi indéniable. Ayant été mis dans une relation droite et juste avec Dieu, nous sommes libres d'emboîter le pas à l'Esprit ou de nous rasseoir dans la boue de laquelle nous avons été tirés.

Parce qu'il en est ainsi, Paul exhorte ses auditeurs que sont les croyants à s'offrir à Dieu, parce que la liberté sur la puissance du péché n'existe que si les chrétiens vivent sous l'autorité de Dieu. Ceux qui se rebellent contre lui deviennent à nouveau les victimes de la puissance de laquelle ils ont été affranchis.

Cette illustration offre sans doute la réponse la plus satisfaisante possible à la question permanente que voici : « Comment des chrétiens qui ont été totalement sanctifiés, qui ont été lavés de leurs péchés de l'intérieur peuvent-ils à nouveau tomber sous l'empire du péché ? ».

La réponse est simplement que ce péché n'est pas comme une dent cariée que l'on peut extraire et dont on peut se débarrasser. Ce péché existe comme une relation déformée avec Dieu. Il existe toutes les fois que nous abandonnons notre souveraineté à quelque chose ou à quelqu'un d'autre que Dieu. La menace toujours présente du retour du péché existe virtuellement du fait que nous ne pouvons nous en débarrasser.

# 2

## Le processus de la sainteté

### *L'œuvre transformatrice de Dieu*

Romains 12.1-2

*Nous avons insisté dans le chapitre 1 sur le fait que les dispositions de la sainteté sont la voie digne de confiance de Dieu. La possibilité de l'entière sanctification n'est pas mon aptitude à pouvoir vivre une vie sainte. N'eut été la grâce de Dieu, nous aurions tous été des pécheurs sans espoir. Mais sa grâce nous a atteints. Nous avons eu droit à un nouveau départ. Nous profitons de notre nouvelle vie en Jésus Christ, grâce soit rendue à Dieu, qui « peut faire infiniment au-delà de ce que nous demandons ou pensons » (Ephésiens 3.20 – La Colombe)*

## A. L'appel

Parce que Dieu est celui qu'il est, il ne nous sanctifie pas sans notre accord. Il nous donne la vie, et c'est à nous de décider ce que nous voulons en faire. Ainsi Paul lance son appel : Offrez « vos corps comme un sacrifice vivant, saint, agréable à Dieu ». **Pourquoi** devrions-nous agir ainsi ? Et en **quoi** cela consiste ?

**1. Pourquoi ?** Parce que c'est la seule réponse appropriée aux compassions de Dieu – l'engagement de Dieu lui-même et de ses ressources sans limite à travers Christ envers l'humanité déchue. Même si Christ est le don de Dieu pour nous, il n'en demeure pas moins notre Seigneur. La grâce est une puissance qui demande la soumission – un don avec le pouvoir de transformer. Les Écritures Saintes ne parlent d'aucun don « qui ne suscite en nous le sens de la responsabilité, se montrant ainsi, comme un pouvoir sur nous, et créant pour nous une place pour le service ». Christ est tout à la fois le salut qui nous est gratuitement offert et la revendication légitime de Dieu sur nous. Mais une revendication qu'il exerce sans attendre notre permission.

« En effet, nul de nous ne vit pour lui-même, et nul ne meurt pour lui-même. Car si nous vivons, nous vivons pour le Seigneur ; et si nous mourons, nous mourons pour le Seigneur. Soit donc que nous vivions, soit donc que nous mourions, nous sommes au Seigneur. Car Christ est mort et il a vécu, afin de dominer sur les morts et sur les vivants » (Romains 14.7-9).

« Car l'amour de Christ nous presse, parce que nous estimons que, si un seul est mort pour tous, tous donc sont morts ; et qu'il est mort pour tous, afin que ceux qui vivent ne vivent plus pour eux-mêmes, mais pour celui qui est mort et ressuscité pour eux » (2 Corinthiens 5.14-15).

**2. En quoi cela consiste ?** Jusqu'à présent, nous avons envisagé de manière adéquate le pourquoi de la sanctification. Nous y reviendrons ultérieurement au chapitre 3. Pour l'instant, voyons en quoi cela consiste.

Que signifie « offrir nos corps à Dieu comme un sacrifice vivant » ? Et qu'est-ce qui nous fait penser ici que le problème est relatif à la sanctification. Après tout, les termes *sainteté* et *sanctification* n'apparaissent nulle part en Romains 12.1-2.

Qu'est-ce que Dieu veut que je fasse en m'offrant à lui ? Qu'est-ce que Dieu veut faire avec mon corps ? Soyons raisonnables et commençons par dire que l'appel de Paul à offrir nos corps à Dieu comme un sacrifice vivant n'est pas un appel au suicide. Alors à quoi ressemble la vie de l'autre côté, après que l'on s'est abandonné à Dieu pour la sanctification ?

La vie chrétienne est vécue sur cette terre et non dans les cieux ; dans des corps et non comme des esprits sans forme ni corps. Cela appelle à une critique sérieuse sur la manière dont nous devons vivre notre vie dans des circonstances qui mettent parfois notre loyauté à l'épreuve. Tous les jours que nous vivons, nous sommes en train de mourir. Nous utilisons nos vies, notre temps, et nos talents. Nous sommes donc, pour ainsi dire, en train de nous offrir comme des sacrifices vivants. Nous ne pouvons certes pas décider de l'heure de la mort, mais grâce à la liberté que nous connaissons en Christ, nous pouvons choisir pour quoi et pour qui nous voulons vivre.

Le langage de Paul est ici clairement métaphorique ; il fait appel à une image mentale du sacrifice. En d'autres termes, Paul dit ceci : en tant qu'offrande d'action de grâce à Dieu, je renonce à la revendication d'un droit sur moi-même – une revendication erronée, puisque la vie que je prends plaisir à vivre est un double don de Dieu tant par la création que par la rédemption. Je m'offre librement comme un sacrifice d'action de grâce, pleinement et définitivement à mon Seigneur légitime.

Et qu'est-ce qui nous fait penser que le problème ici c'est la sanctification ? Retournez en Romains 6 et lisons les versets 10-14, 16-22.

*Il [Christ] est mort … une fois pour toutes ; il est revenu à la vie, et c'est pour Dieu qu'il vit.*

*Ainsi vous-mêmes, regardez-vous comme morts au péché, et comme vivant pour Dieu en Jésus. Que le péché ne règne donc point dans votre corps mortel, et n'obéissez pas à ses convoitises. **Ne livrez pas** vos membres au péché, comme des instruments d'iniquité ; mais **donnez-vous vous-mêmes à Dieu,** comme étant vivants de morts que vous étiez, et offrez à Dieu vos membres, comme des instruments de justice. Car le péché n'aura point de pouvoir sur vous …*

*… ne savez-vous pas qu'en vous livrant à quelqu'un comme esclaves pour lui obéir, vous êtes esclaves de celui à qui vous obéissez, soit du péché qui conduit à la mort, soit de l'obéissance qui conduit à la justice ? Mais grâces soient rendues à Dieu de ce que, après avoir été esclaves du péché, vous avez obéi de cœur à la règle de doctrine dans laquelle vous avez été instruits. Ayant été affranchis du péché, vous êtes devenus esclaves de la justice.*

*Je parle à la manière des hommes à cause de la faiblesse de votre chair. De même donc que **vous*** *avez **livré vos membres** comme esclaves à l'impureté et à l'iniquité, ainsi **maintenant livrez vos membres** comme esclaves à la justice, pour arriver à la sainteté, car, lorsque vous étiez esclaves du péché, vous étiez libres à l'égard de la justice. Quels fruits portiez-vous alors? Des fruits dont vous rougissez aujourd'hui. Car la fin de ces choses, c'est la mort. Mais maintenant, étant affranchis du péché et devenus esclaves de Dieu, vous avez pour fruits la **sainteté** et pour fin la vie éternelle.* (Les caractères gras sont de l'auteur.)

Notez que Paul utilise dans ce passage, de manière récurrente, le même mot *livrez*. Il explique que parce que nous sommes des chrétiens, nous devrions nous livrer à Dieu ou nous soumettre à Dieu, nous donner à Dieu ou nous engager envers lui. Nous devrions mettre à sa disposition nos corps, nos capacités, tout ce que nous sommes et ce que nous espérons devenir. Cette soumission exige que nous nous donnions totalement. Le résultat est la sainteté.

L'existence physique ne peut être neutre. L'existence humaine ne connaît pas la liberté absolue. Nous sommes toujours l'esclave de quelqu'un ou de quelque chose. Mais en tant que chrétiens, nous sommes libres de choisir notre maître. Ou Jésus est notre Seigneur, ou un maître indigne le deviendra. Au verset 16, Paul explique que notre caractère est déterminé par notre seigneur. Nous devenons semblables à celui que nous servons. Ainsi, nous devrions nous rendre disponibles à Dieu, nous devrions être ses instruments, ses armes au service de la justice.

Paul utilise toutes les fois qu'il le peut des analogies humaines pour illustrer sa pensée. En plus de la métaphore du sacrifice rituel et du service militaire, Paul utilise aussi la métaphore du mariage dans les versets préliminaires du chapitre 7, essayant là encore de donner le sens de la sanctification.

Il y a 20 ans, je me tenais devant l'autel du mariage dans une église nazaréenne ; j'avais les mains moites et les jambes flageolantes. Ma future femme se tenait à mes côtés – il me semble que nous n'étions encore que des enfants à cette époque. La cérémonie fut conduite d'une manière assez rituelle. Enfin, on en arriva aux questions décisives : « Voulez-vous … ? »

En répondant « oui », je disais implicitement « non » à presque trois milliards d'autres femmes dans le monde. Personne ne le savait ni ne s'en souciait, mais je l'ai fait, et Terre (mon épouse) l'a fait. La cérémonie de mariage est célébrée une fois pour toute, mais le mariage dure toute une vie.

Le verbe « offrir » en Romains 12 implique ce genre d'acte décisif d'engagement permanent (3). Puisque nous continuons à vivre après ce moment, notre soumission n'est que le début d'une vie de plein abandon de soi. S'offrir à Dieu est un acte qui implique une activité continuelle, une crise qui entame un processus. En signe de reconnaissance à Dieu pour son amour et ses compassions que nous avons déjà amplement expérimentés, nous mettons nos personnes pleinement rachetées à sa disposition pour être utilisées comme il le conçoit, où et quand il le veut.

Sur la base des compassions de Dieu déjà expérimentées, Paul nous exhorte librement, intelligemment et pieusement, à nous offrir comme un don à Dieu. Et lorsque nous le faisons, il se produit quelque chose d'étonnant. Nous apprenons que non seulement la voie de Dieu est digne de confiance, mais aussi que son œuvre est transformatrice. Cette œuvre qui transforme n'est que le début d'un processus de sanctification qui dure toute une vie.

C'est Dieu, et non la consécration, qui sanctifie le croyant, quoique la consécration soit une condition préalable essentielle à son œuvre transformatrice. Les gens ne peuvent se sanctifier eux-mêmes ; c'est l'œuvre de Dieu. Mais les personnes rachetées sont vraiment libres de conserver ou de renoncer à leurs « droits » sur elles-mêmes. Ce n'est qu'avec notre accord que Dieu réalisera la transformation qui régénère notre esprit de chrétien.

## B. L'action

Sous l'autorité des compassions de Dieu, Paul s'adressant à des auditeurs chrétiens, en appelle à un acte décisif d'engagement envers Dieu. Deux actions sont en rapport avec cet appel fondamental – « ne vous *conformez* pas au siècle présent, mais soyez *transformés* par le renouvellement de l'intelligence » (les caractères italiques sont de l'auteur).

**1. Grammaire.** Si j'étais en train de donner ma leçon de grec qui a lieu tous les jours à 7h30, j'aurais simplement dit : « Mesdames, Mesdemoiselles et Messieurs, les deux verbes traduits par « conformez » et « transformés » sont tous deux au présent, au mode impératif et à la deuxième personne du pluriel. »

Et ils auraient répondu : « Ah ! Je vois ! »

Mais puisque je n'y suis pas, j'aimerais l'expliquer plus complètement afin que, vous aussi, vous puissiez dire « Ah ! »

Le temps présent nous dit que Paul en appelle à deux réactions continuelles, qui devraient se réaliser sur la base fondamentale de la décision du chrétien, à savoir s'offrir une fois pour toutes à Dieu.

La voix passive exige que toutes ces deux actions soient initiées à partir d'une force autre que la personne sanctifiée. Paul ne dit pas « vous vous transformez », mais « soyez transformés ».

Le mode impératif nous rappelle que ce sont des commandements. Les actions ne se réaliseront que si elles sont autorisées ou encouragées, elles ne sont pas automatiques. Ce ne sont pas des faits accomplis, mais des possibilités ouvertes aux personnes qui se rendent elles-mêmes disponibles à Dieu.

La deuxième personne du pluriel indique que l'ordre s'adresse aux lecteurs et lectrices, à vous – à chacun(e). Le verbe montre qu'une telle action n'est pas seulement l'affaire d'un seul individu, mais celle de la communauté toute entière. La sanctification ne doit pas être une simple préoccupation individuelle, mais elle doit être la préoccupation de la communauté chrétienne toute entière. Comme John Wesley l'a dit : « Je ne connais pas de sainteté, excepté la sainteté sociale ». Vous ne pouvez être saints tout seul.

Il y a deux actions qui, selon Paul, doivent se dérouler. L'une est négative : *ne* vous conformez *pas*. L'autre est positive : soyez transformés.

**2. L'action positive.** Envisageons d'abord l'action positive. Si l'action vient de l'extérieur, qui en est l'acteur ? Qui est le transformateur ? Dieu ! Dieu est la source de cette transformation. Cette régénération quotidienne de l'intérieur vers l'extérieur du chrétien engagé. En 2 Corinthiens 3.18, nous lisons : « nous tous qui … contemplons comme dans un miroir la gloire du Seigneur, nous sommes transformés en la même image, de gloire en gloire, comme par le Seigneur, l'Esprit.

Deux mots grecs utilisés dans le Nouveau Testament peuvent être traduits par « transformer » ou « changer ». L'un d'eux est le contraire du verbe négatif employé ici – « ne vous conformez pas ». C'est le même mot qui est utilisé en 2 Corinthiens 11.14 où il se réfère à Satan qui se transforme en un ange de lumière. Il est toujours Satan ; il a juste une apparence différente.

Une transformation de ce genre n'est en réalité qu'un déguisement et un changement extérieur d'apparence et de comportement. C'est par cette notion de changement que le légalisme se pose comme étant une pale imitation de la sainteté. Si vous accrochez une bonne quantité de pommes à un poteau téléphonique, ce poteau deviendra-t-il pour cela un pommier ? Si j'*agis* comme un chrétien, cela signifie-t-il que je suis totalement sanctifié ? La réponse de Paul aurait été : « *Me genoito* », ce qui pourrait se traduire par : « Non, pas du tout ! »

Ce n'est pas ce mot que Paul utilise pour dire « transformer » ici en Romains 12. Le mot qu'il utilise est celui qui nous donne le mot métamorphose.

Il ne s'agit plus d'un simple changement de comportement, mais d'un changement d'essence – il ne s'agit plus d'*agir* différemment, mais d'*être* différent. C'est le Saint Esprit, demeurant en nous, qui est l'agent de Dieu et qui effectue cette transformation de l'intérieur vers l'extérieur, reproduisant ainsi Jésus dans la vie des chrétiens engagés (voir 2 Corinthiens 3.17-18 et 2 Thessaloniciens 2.13).

Le processus commence par la régénération de l'esprit, de la capacité de réfléchir, du caractère, de notre disposition intérieure, du centre de notre vie personnelle (2 Corinthiens 3.17-18, 4.6-7, 16 ; Ephésiens 4.23-24 ; Colossiens 3.10 ; Tite 3.3-7). La sainteté est la régénération ou re-création à l'image de Dieu, le Créateur (voir Genèse 1.26). La vie transformée est la vie humaine normale. Une telle personne transformée est l'homme ou la femme que Dieu avait l'intention de faire quand il nous a créés.

**3. L'action négative.** Examinons à présent l'action négative : « ne soyez pas conformes » ou mieux « ne vous conformez pas ». La paraphrase très colorée de Alfred Kuen traduit ce qui précède ainsi : « Ne laissez pas votre environnement vous couler dans son moule » L'agent extérieur contre lequel le chrétien doit résister, c'est « le monde ». Mais de quoi s'agit-il au juste?

La vie sanctifiée est aussi bien un témoignage plein d'amour de Dieu à l'endroit du monde – mais aussi des hommes et des femmes perdus qui s'y trouvent – qu'un jugement sévère de Dieu contre le monde.

Dieu aime et déteste à la fois le monde. Tel doit être notre comportement (voir Jean 3.16 ; 1 Jean 2.15). Dieu aime les pécheurs de cette planète, mais il hait les systèmes pervers mis en place par les hommes, à savoir les valeurs mondaines que nous défendons. Nous devons résister à ce monde en rébellion qui s'est détourné de Dieu et s'est organisé sur la base de la supercherie et de l'idolâtrie. La vie sanctifiée implique l'existence paradoxale décrite en Jean 17 – les chrétiens sont « dans le monde » (verset 15), mais ils « ne sont pas du monde » (verset 14, 16), « afin que le monde connaisse » (verset 22, voir verset 23). Mais quel est ce « monde » auquel nous devons résister ?

On raconte qu'il y a très longtemps, avant l'avènement de la télévision et de la radio, dans la plupart des petites villes, on avait l'habitude de faire entendre un coup de sifflet tous les jours à midi.

Dans l'une de ces petites villes d'antan, la question suivante fut un jour posée à l'homme dont la responsabilité était de faire entendre tous les midis le coup de sifflet : « Comment savez-vous à quel moment il est exactement 12 heures d'horloge » ?

« Comment ? Chaque jour, en partant au travail, je passe devant la boutique du bijoutier, et je mets ma montre à l'heure en regardant l'horloge qui est à sa fenêtre et qui a toujours l'heure exacte. »

Mais la question suivante fit douter le siffleur : « Mais comment se fait-il que cette horloge marque toujours l'heure exacte ? »

« Comment? Je ne sais pas, mais j'essaierai de le savoir. » Ainsi, le jour suivant en allant au travail, il entra dans la boutique du bijoutier et lui demanda : « Dites-moi, comment se fait-il que cette horloge qui est à votre fenêtre semble toujours avoir l'heure exacte ? »

« Oh ! C'est que je la mets à l'heure tous les jours à midi quand j'entends le coup de sifflet du siffleur de la ville. »

Se conformer à ce monde, c'est jouer la version adulte d'un jeu d'enfant. Cela s'appelle « suivez le guide ». La mondanité ne consiste pas seulement à suivre un ensemble d'habitudes auxquelles les gens du monde s'adonnent. Et une vie sainte ne se définit pas simplement par ce qu'une personne sanctifiée peut ou ne peut pas faire. De même que la mondanité est un état d'esprit, un système de valeur, de même la sainteté est une régénération de l'esprit. Il ne s'agit donc pas de ce que je fais ou de ce que je ne fais pas, mais plutôt, il s'agit pour moi de vivre sur la base d'une nouvelle autorité, et pour un nouvel objectif. Cette régénération est le résultat de l'œuvre transformatrice de la sanctification.

Les dispositions de la sanctification sont dans les voies dignes de confiance de Dieu, le Sanctificateur, en réponse à l'engagement des personnalités des chrétiens rachetés envers Dieu. Cet engagement pris une fois pour toutes d'un point de vue humain est le commencement du processus de la sanctification – faire des saints. Du point de vue Dieu, cet acte décisif est le commencement du véritable culte du chrétien.

« Je vous exhorte donc, frères [et sœurs], par les compassions de Dieu, à offrir vos corps comme un sacrifice vivant, saint, agréable à Dieu, ce qui sera de votre part un culte raisonnable » (Romains 12.1). Tel est le sujet du chapitre 3.

# 3

## L'objectif de la sainteté

### Le triomphe de la volonté de Dieu

Romains 12.1-2

Lisez à nouveau ce texte qui nous est familier …

*C'est pourquoi, mes frères croyants, puisque Dieu a témoigné à notre égard d'une grande compassion, je vous prie d'offrir vos vies à Dieu. Offrez-vous comme des sacrifices vivants, saints et qui lui sont agréables. C'est votre culte spirituel. Ne vous laissez pas changer par les valeurs de ce monde. Au contraire, que Dieu change votre caractère et vous donne une toute nouvelle manière de penser. Pourquoi ? Afin que vous discerniez ce qu'est la volonté de Dieu – cela est bon, acceptable et parfait (paraphrase de l'auteur).*

Ce passage a été, à juste titre, considéré comme un texte classique de la sainteté. Il désigne les dispositions de la sanctification dans la voie digne de confiance de Dieu envers l'humanité, le processus de la sanctification à travers l'œuvre transformatrice de Dieu dans l'expérience chrétienne, et l'objectif de la sanctification comme étant le triomphe de la volonté de Dieu dans la vie de tous les jours.

Peut-être que les prédicateurs de la sainteté ont souvent trop insisté sur les deux premiers points et donné l'impression erronée que l'objectif de la sanctification c'est que les chrétiens soient sanctifiés, comme si l'œuvre gracieuse de Dieu en nous à travers le Saint Esprit était faite pour elle-même. Dieu fait-il de nous des saints, simplement pour que nous soyons saints ? Non.

Revoyons brièvement les arguments des deux premiers chapitres. Dieu s'est montré digne de confiance. Il s'est engagé avec ses ressources sans limites en Christ envers les pécheurs sans espoir. Ceux qui, librement, acceptent l'offre de salut de Dieu, découvrent que son amour les fait renaître à la vie en leur donnant une liberté qui n'était pas la leur auparavant. C'est sur la base de ces compassions de Dieu déjà expérimentées que Paul en appelle aux chrétiens pour qu'ils s'offrent à Dieu comme des sacrifices vivants. L'appel de Paul à offrir nos corps comme des sacrifices vivants n'est pas un appel au suicide. Mais un appel à nous abandonner à Dieu pour la sanctification. Sa métaphore nous rappelle que la vie chrétienne se vit ici, sur cette terre et non dans les cieux, dans des corps et non avec des esprits sans corps. Cela nous rappelle que nous vivons dans des conditions de nature à mettre à l'épreuve notre loyauté, et que nous utilisons notre vie de manière concrète. Nous nous offrons comme des sacrifices vivants.

Le langage que Paul utilise est clairement métaphorique lorsqu'il fait usage de l'image du sacrifice rituel. Comme un sacrifice d'action de grâce à Dieu, je renonce à la revendication erronée d'un droit sur moi-même. Je mets librement et pleinement ma personne rachetée à sa disposition pour être utilisé comme il le veut et où il le veut.

Quel est donc l'objectif de la sanctification ? Pourquoi devrais-je m'offrir à Dieu pour être sanctifié ? Paul donne deux objectifs. D'une part, l'adoration de Dieu, et d'autre part, le témoignage face au monde.

## L'adoration

Paul dit que cette action de soumission et l'attitude d'abandon qui en résulte est le « culte raisonnable » du chrétien, ou un acte de « culte spirituel » (*version TOB*) à Dieu. Le mot grec pour « culte » utilisé ici a deux sens : *adoration* et *culte*. Le culte, ce n'est pas simplement ce que je dis à l'église en louange Dieu, mais ce qu'il fait pour moi, en me permettant de le louer à travers ma vie dans le monde.

Le ministère de Dieu pour son peuple, lorsqu'il nous apporte la Bonne Nouvelle et la grâce dans nos vies, c'est son culte envers nous. En un sens, l'adoration, c'est son action salvatrice pour nous, que nous ne pouvons pas faire pour nous-mêmes. Tout ce qui se passe quand la communauté chrétienne se réunit est son culte envers nous. Notre adoration envers lui, notre culte envers lui, se réalise dans le monde et prend la forme d'un service à l'endroit de nos frères et sœurs. Ces deux compréhensions de l'adoration ne sont pas contradictoires mais complémentaires. L'adoration est à la fois le culte de Dieu envers l'Eglise et le culte de l'Eglise envers Dieu.

Le culte « raisonnable » va au-delà du rituel ou de la crainte révérencielle. « Le vrai culte, c'est être en accord avec la volonté de Dieu pour le louer en pensées et en actions. »

**1.** Cela ne se produit pas seulement lorsque l'église se réunit, mais aussi quand elle est répandue comme le sel et la lumière dans le monde. Ce n'est pas fondamentalement une activité religieuse, mais une réaction de toute la personne à la compassion de Dieu. « Le culte chrétien ne consiste pas [seulement] en ce qui est pratiqué dans des lieux sacrés, à des moments sacrés, et avec des actes sacrés (Adolf Schlatter). C'est l'offrande de l'existence physique dans les autres sphères [de la vie mondaine]. Une offrande, donc, telle une exigence constante [l'adoration] dans la vie quotidienne où chaque chrétien est simultanément un sacrifice et un prêtre. »

**2.** Parler de l'adoration dans ce sens général du Nouveau Testament exige que l'on fasse attention aussi bien à l'éthique qu'aux rituels que nous suivons quand nous nous réunissons dans une église. L'adoration n'est pas simplement une affaire de goût ou de style, c'est le véritable test quant à la question de savoir si nous percevons la différence entre le bien et le mal.

Sur la base des compassions de Dieu déjà expérimentées, Paul nous exhorte à nous mettre librement, intelligemment, pleinement et comme un acte d'adoration, à sa disposition, comme un don qui lui est offert. Ce n'est qu'avec notre accord que Dieu réalisera la transformation qui commencera la régénération de notre caractère chrétien. De manière authentique, le caractère chrétien recèle à la fois un aspect négatif et un aspect positif. Paul nous exhorte, à la fois, à ne pas nous conformer et à être transformés. La vie sanctifiée est à la fois un témoignage d'amour envers le monde et une confrontation audacieuse avec le monde qui s'est séparé de Dieu et qui est dans la rébellion, l'illusion et l'idolâtrie. De même que la mondanité est un état d'esprit contre Dieu, de même la sainteté est une régénération de l'esprit, un renouvellement du caractère dans le sens d'une ressemblance avec Dieu.

Etre en pèlerinage de sainteté ne consiste pas simplement à faire ou à ne pas faire certaines choses. C'est vivre sur la base d'une nouvelle autorité et pour un nouvel objectif. C'est l'offrande de notre existence physique dans le monde à Dieu. Le monde voit cette sanctification dans les personnes véritablement saintes, et non essentiellement dans ce que nous ne faisons pas, mais dans le culte que nous rendons au Seigneur en son nom.

La tentation de penser la vie sainte comme impliquant seulement un culte formel est subtile et dangereuse. Les préoccupations de Dieu vont au-delà des « interruptions » de notre routine quotidienne. Ses intérêts vont au-delà de la fréquentation pieuse de l'école du dimanche, du culte dominical, des réunions régulières et spéciales de prière, des campagnes de réveil, des classes de disciples, des campagnes d'évangélisation, des activités sociales de l'église, et j'en passe. Le culte implique plus que la simple louange dans le sanctuaire.

Les exigences de Dieu concernent aussi bien les dimensions « laïques » que les dimensions « sacrées » de la vie. Dieu aspire à diriger chaque jour de notre vie, et pas seulement nos jours spéciaux. Soit toute la vie chrétienne est un culte, et les réunions ainsi que les actes sacramentels de la communauté fournissent des moyens et des instructions à cette fin, soit ces réunions et actes conduisent, en fait, à une absurdité. Le vrai culte, c'est notre offrande comme des sacrifices vivants dans notre existence quotidienne dans le monde.

**3.** Le vrai culte exige que l'on prête attention aussi bien à l'éthique personnelle et sociale qu'aux disciplines spirituelles tant associatives que privées.

Le vrai culte, en tant que réponse de tout cœur des croyants à Dieu, se réalise d'abord dans le monde, et en particulier, il prend la forme de service envers nos frères et sœurs. Dieu veut une religion pratique, de tous les jours. La religion qui aide les nécessiteux et donne le pouvoir à ceux qui sont faibles (voir Jacques 1.27 ; Matthieu 25.31-46). La religion qui met en pratique les belles paroles relatives à l'amour (voir Jacques 2.14-17 ; 1 Jean 3.17-18). Le rituel ne peut jamais remplacer la bonne action. Le simple fait de chercher Dieu ne peut se substituer au fait de rechercher la justice dans la rue (voir Amos 5.21-24). Le culte et la prière ne signifient pas soudoyer Dieu pour qu'il nous donne la sécurité, la justification ou le répit émotionnel. Les offrandes sacrificielles, les cultes d'adoration et les dévotions en privé n'ont de sens que dans le contexte d'une vie d'obéissance de tout cœur (voir 1 Samuel 15.22-23 ; Jérémie 7.21-26, 14.12 ; Osée 6.6 ; Michée 6.6-8). Dans notre empressement en ce qui concerne les activités religieuses, avons-nous perdu la réalité du vrai culte ? Nos lèvres chantent-elles des louanges à Dieu tandis que notre vie bat au rythme du monde ?

## B. Le témoignage

La principale finalité de la vie de sainteté, c'est l'adoration de Dieu dans le monde. La seconde finalité de la sanctification est que nos vies soient un témoignage pour Dieu aux yeux du monde. « Par les compassions de Dieu, [je vous exhorte] à offrir vos corps comme un sacrifice vivant, saint, agréable à Dieu, ce qui sera de votre part un culte raisonnable. Ne vous conformez pas au siècle présent, mais soyez transformés par le renouvellement de l'intelligence afin que vous [discerniez que] la volonté de Dieu [est] ce qui est bon, agréable et parfait » (Romains 12.1-2).

Le vrai culte s'exprime dans la conduite du chrétien, dans toute sa vie, et non seulement entre les quatre murs de l'église mais aussi dans le monde. Le but de l'œuvre transformatrice de Dieu appelée sanctification, c'est l'adoration et le témoignage, non pas de manière verbale mais plutôt de manière concrète dans la marche spirituelle. L'adoration, dans la vie de tous les jours, implique une vie de service dans la vie laïque. L'existence chrétienne ne peut être une affaire privée. Quand Dieu revendique nos vies engagées, en nous et avec nous il parvient à récupérer sa création déchue. Seules les vies chrétiennes qui sont orientées vers le monde rendent justice à la volonté de Dieu de gouverner le monde. Ce n'est que de cette façon que nous pouvons mettre en pratique notre prière : « que ta volonté soit faite sur la terre comme au ciel » (Matthieu 6.10)

Notre témoignage envers et contre le monde ne peut se concevoir si étroitement, comme consistant simplement à se focaliser sur le partage de notre témoignage personnel dans un effort évangélique. L'état du monde déchu ne s'exprime pas simplement ou même essentiellement dans les péchés privés des personnes privées. Puisque le monde est un système social et politique complexe, notre témoignage doit lui aussi avoir des dimensions sociales et politiques.

Le but ultime de la grâce de Dieu qui sanctifie, c'est le triomphe de sa volonté dans le monde – non seulement dans la vie privée, mais aussi dans la vie publique ; non seulement les dimanches, mais chaque jour. Seule cette sainteté pleine et intelligible peut nous permettre de discerner que la volonté de Dieu est bonne, acceptable et parfaite. Le mot traduit par « discerner » dans la Bible, version Louis Segond, a un double sens. Il signifie « tester et approuver » – tester par l'expérience et, par voie de conséquence, approuver. Nos vies transformées doivent démontrer que la volonté de Dieu est ce qui est « bon, agréable et parfait ». Cela consiste à découvrir la volonté de Dieu et à la mettre en pratique.

Beaucoup d'entre nous sont en déphasage avec le monde réel lorsqu'ils définissent la sainteté exclusivement en des termes négatifs – par ce que nous ne pouvons pas faire. Aujourd'hui, la seule preuve positive de la sainteté pour une majeure partie des gens de la sainteté, c'est la piété privée, personnelle – les prières, les dévotions, la fréquentation de l'église, et ainsi de suite. Nous pouvons aussi mentionner l'importance des attitudes intérieures – généralement réduites à certaines sensations fortes.

L'intention n'est pas ici de suggérer que nous devrions négliger les ressources spirituelles de la piété privée. Mais pour quel futur événement accumulons-nous ces ressources religieuses privées ? Si notre de vie de sainteté collective ne fait pas la différence dans les dimensions sociales, morales, culturelles, économiques, environnementales ou politiques de la vie, c'est qu'elle n'est pas assez holistique. La vie de sainteté n'est pas à confondre avec la sentimentalité spirituelle.

Nos vies dans le monde devraient être une expression de notre adoration de Dieu et un témoignage de sa réalité au monde. Une sanctification qui ne s'opère qu'à l'abri des murs d'une église ou dans l'intimité amicale de nos demeures n'est pas *complète*. Nombre d'entre nous ont imaginé que le mot « entière » dans la doctrine de l'entière sanctification implique le fait que dès que nous sommes sanctifiés, Dieu en a fini avec nous, et nous pouvons nous détendre et attendre d'entrer au paradis. Jamais de la vie !

L'œuvre de Dieu qui sanctifie nos vies est un processus continu, qui ne commence qu'avec une seconde « génuflexion » devant l'autel. Il ne nous sanctifie pas simplement afin que nous devenions saints. Nous sommes sanctifiés pour obéir (voir 1 Pierre 2.1), et pour servir (voir Romains 6.17-22, 7.4-6), pour adorer et pour témoigner. Le mot « entier » n'est pas relatif à la conclusion, mais à l'inclusion de l'œuvre de Dieu qui sanctifie. Dieu aspire à diriger chaque domaine de notre vie. Rien n'est exclu des compartiments de nos vies que Dieu peut diriger.

C'est pourquoi Paul prie comme il le fait dans ce texte de la sainteté : « Que le Dieu de paix vous sanctifie lui-même tout entiers, et que tout votre être, l'esprit, l'âme et le corps, soient conservés irrépréhensible jusqu'à l'avènement de notre Seigneur Jésus Christ ! Le Dieu qui vous a appelés à la sainteté est fidèle, et Il vous sanctifiera » (1 Thessaloniciens 5.23-24, paraphrase de l'auteur).

Peut-être certains de nos aïeux dans la tradition de la sainteté wesleyenne, en se focalisant sur le refus et le rejet de choses telles que les bijoux, la danse, les vêtements et autres préoccupations légalistes, ont orienté la sainteté vers des choses qui n'étaient pas bibliquement essentielles. L'erreur consiste ici à définir trop simplement nos traits distinctifs chrétiens. Là où nos aïeux ont péché à trop mettre en rapport la vie de sainteté avec de petits aspects légalistes, notre génération commet l'erreur de perdre les traits qui nous distinguent du monde en ne se battant pas pour les choses qui sont justes et pures.

Nous sommes devenus des gens tellement « agréables » que nous avons perdu le sens du bien et du mal, et la possibilité de l'outrage moral et de la passion. Quand nous étions des enfants, on nous disait de ne pas être critiques. Devenus chrétiens, notre habitude de n'offenser personne peut en réalité faire de nous des poltrons. Nous ne devons pas être effrayés d'attaquer de front des choses qui, dans le monde, sont moralement et spirituellement mauvaises. Souvent, il est bon de garder le silence. Mais quand notre silence permet au mal et à la corruption de faire tranquillement leur petit bonhomme de chemin autour de nous, notre silence devient alors de la lâcheté.

N'oublions pas les exemples positifs de nos aïeux et « aïeules » de la sainteté. Nous ne devrions certes pas suivre leur aversion pour les bijoux, les cosmétiques, et autres. Mais existe-t-il parmi nous des gens assez courageux pour copier de nos jours un tel engagement à un style de vie simple qui, à l'époque, a motivé leur aversion ?

Qui sont ceux, parmi nous, qui peuvent assumer le fait d'être une minorité consciente et franche engagée à faire la volonté de Dieu dans chaque aspect de sa vie ? Dieu nous demande-t-il aujourd'hui de suivre les pas de nos prédécesseurs dans la sainteté qui ont réveillé la conscience d'une nation en ouvrant ses yeux sur le mal d'un esclavage déterminé uniquement par la couleur de la peau d'une personne ? Nous demande-t-il d'avoir de l'émulation pour ces activistes de la sainteté qui ont décrié la discrimination basée uniquement sur la couleur de la peau d'une personne et ont manifesté pour le droit des femmes au vote ? De nombreux autres exemples positifs pourraient encore être cités si l'espace le permettait.

Il semble que nous ayons trop souvent mis la charrue avant les bœufs. Aujourd'hui, les églises de la sainteté semblent essayer d'imiter les styles d'adoration charismatiques de nos prédécesseurs dans la sainteté dans une tentative désespérée de retrouver leur ferveur émotionnelle perdue. N'oublions pas que leurs réunions d'adoration joyeuse étaient spontanées, des célébrations du triomphe de la volonté de Dieu inspirées par l'Esprit dans leur vie de tous les jours. Leur culte d'adoration était une réaction naturelle face à la preuve, à leurs yeux, que la volonté de Dieu était bonne, acceptable et parfaite. Ils n'avaient pas besoin d'inventer de nouvelles méthodes pour rendre les corps morts plus attrayants. Ils étaient des témoins du pouvoir de résurrection de Dieu à l'œuvre dans leur vie de tous les jours.

C'est pourquoi, mes frères croyants, puisque Dieu a témoigné à notre égard d'une grande compassion, je vous prie d'offrir vos vies à Dieu. Offrez-vous comme des sacrifices vivants, saints et agréables à lui. C'est votre culte spirituel. Ne vous laissez pas changer par les valeurs de ce monde. Au contraire, que Dieu change votre caractère et vous donne une toute nouvelle manière de penser. Pourquoi ? Afin que vous discerniez ce qu'est la volonté de Dieu – cela est bon, acceptable et parfait.

# 4

## La pratique de la sainteté

### *Le test de la valeur de Dieu*

Ephésiens 4.1-6

Malgré ce que pensent mes étudiants, je sais que l'université n'est pas faite que de cours et d'études. Elle n'est pas non plus faite que de gaieté et de jeu. L'un des aspects inévitables de la vie universitaire, c'est le fait de vivre avec les autres. Le choix consistant à fréquenter telle ou telle université déterminera souvent le conjoint d'un étudiant ou les amis qu'il aura dans sa vie. Mais les camarades avec qui les étudiants sont inévitablement entraînés dans une relation étroite dans les classes ou les résidences universitaires ne sont pas le genre de personnes qu'ils auraient choisies comme amis. C'est plutôt comme une famille. Je ne suis pas certain que ma sœur et mon frère m'auraient choisi comme frère s'ils avaient eu un mot à dire en la matière. Il en est de même pour l'église. Nombreuses sont les personnes parmi nous qui, à un degré plus ou moins élevé, peuvent s'identifier au poème empreint de cynisme que voici :

> *Vivre là haut avec les saints que nous aimons,*
> *Oui ! Ce sera la gloire !*
> *Mais vivre ici bas avec les saints que nous connaissons*
> *Eh bien, ça c'est une autre histoire !*

A certains moments, il semble que la réalité de l'unité chrétienne dans le monde se trouve dans une triste contradiction avec l'idéal du Nouveau Testament. La qualité de la vie chrétienne est rarement supérieure à celle d'une simple institution humaine. Les églises, les universités chrétiennes, les champs de missions, sont loin d'être exempts de conflits de personnes, de petites querelles et de rivalités. En fait, ces lieux sont souvent des endroits de rassemblement où se tissent des relations humaines malsaines. Où est donc la preuve de cette chose que l'on appelle « la sainteté » dans la vie de tous les jours ?

Aucun livre, dans le Nouveau Testament, n'a une vision aussi élevée pour les possibilités d'une vie chrétienne communautaire que la lettre aux Ephésiens. Et pourtant, aucun autre livre du Nouveau

Testament ne présente un traitement plus terre à terre de ce qui est exigé des chrétiens afin que les idéaux de Dieu deviennent une réalité sur cette planète déchue. La première moitié de la lettre prévoit et pose les bases théoriques des applications pratiques de la seconde partie. Les trois premiers chapitres de la lettre aux Ephésiens nous informent des provisions gracieuses de Dieu devant permettre à la communauté chrétienne d'être le canal par lequel il achèvera son plan éternel de rédemption pour l'univers. Les chapitres 4 à 6 nous instruisent sur le style de vie sainte qui convient à ceux qui ont reçu une si haute vocation.

La préoccupation majeure d'Ephésiens 4.1-6, c'est l'unité et l'harmonie au sein des chrétiens, non pas seulement en tant que chrétiens, mais aussi en tant qu'êtres humains. Lu dans le contexte du chapitre tout entier, il apparaît clairement que l'unité n'est pas à confondre avec l'uniformité. Dans le même ordre d'idée, chanter en harmonie n'est pas synonyme de chanter à l'unisson. L'harmonie est possible parce que les différentes voix s'accordent et se complètent entre elles. De même, l'harmonie à l'intérieur du corps de Christ est possible parce que Dieu nous a dotés de différents dons pour que nous grandissions et devenions matures dans le cadre de relations saines avec les autres dans le Corps.

Les divergences d'opinions et la diversité de dons et d'intérêts au sein de la famille chrétienne ne sont pas synonymes de division. En fait, la diversité est une bonne chose. Tes forces complètent mes faiblesses et vice versa. Tes dons compensent mes déficiences et vice versa. L'unité chrétienne ne signifie pas que nous devenons tous les clones les uns des autres. Mais c'est plutôt la fin des compétitions mortelles et des comparaisons. Au contraire, nous nous équilibrons et nous complétons les uns les autres. Non pas comme des individus isolés, mais comme une communauté unie. Nous sommes le corps de Christ et nous le révélons au monde. Examinez les propos d'Ephésiens 4.1-6

> *Je vous exhorte donc, moi, le prisonnier dans le Seigneur, à marcher d'une manière digne de la vocation qui vous a été adressée, en toute humilité et douceur, avec patience, vous supportant les uns les autres avec charité, vous efforçant de conserver l'unité de l'esprit par le lien de la paix. Il y a un seul corps et un seul Esprit, comme aussi vous avez été appelés à une seule espérance par votre vocation ; il y a un seul Seigneur, une seule foi, un seul baptême, un seul Dieu et père de tous, qui est au-dessus de tous, et parmi tous, et en tous.*

L'appel central de ces versets se trouve dans le verset 1. C'est un appel à vivre nos vies d'une manière digne de la vocation qui nous a été adressée quand nous sommes devenus une partie du corps de Christ. Et cela ne suggère en rien l'idée que nous mériterions en quelque sorte tout ce que Dieu a fait pour nous, et que nous pouvons payer en retour pour sa grâce. La lettre aux Ephésiens précise clairement que la vie chrétienne nous est donnée par la grâce du début à la fin. Nous sommes sauvés par la grâce. Nous sommes préservés par la grâce. Nous ne pouvons obéir que grâce à sa grâce.

Le comportement « digne » de notre vocation est celui qui est approprié ou qui correspond à l'appel que nous avons reçu de Dieu. Nous avons été appelés pour être représentatifs d'un Dieu saint dans ce monde. Nous avons été appelés pour louer Dieu avec nos vies. Nous devons utiliser sa grâce pour vivre, comme il faut, son formidable appel. Plus qu'avec nos paroles, nous louons - ou humilions - Dieu avec nos vies (1.6, 12, 14). La moralité chrétienne ne saurait être réduite à un ensemble de règles. Typiquement, Paul nous exhorte à agir moralement de manière à refléter qui nous sommes et à qui nous appartenons. Vivre d'une manière digne de notre vocation signifie que nous devons être ce que Dieu nous permet d'être. C'est là un enseignement important du Nouveau Testament qui reflète la dimension éthique de la sainteté.

1 Thessaloniciens 2.12 nous appelle à vivre d'une « manière digne de Dieu, qui [nous] appelle à

son royaume et à sa gloire ». Phillipiens 1.27 nous appelle à nous conduire d'une « manière digne de l'évangile de Christ ». Romains 16.2, à « une manière [de vivre] digne des saints ». Colossiens 1.10, à « une manière digne du Seigneur » et qui lui sera « entièrement » agréable. Le même appel se retrouve en 1 Pierre 1.15 : « Puisque celui qui vous a appelés est saint, vous aussi soyez saints dans toute votre conduite ».

Dieu a de grands projets pour son église. Selon Ephésiens 1.5, Il a prévu que nous serions saints et irrépréhensibles devant lui par l'amour. Et il a prévu toutes les choses nécessaires pour nous afin de réaliser ses plans. La question demeure : Vivrons-nous des vies dignes de notre vocation afin de représenter le seul vrai Dieu dans ce monde ? Ou nos petites discussions soulèveront-elles des questions du genre : « Dieu existe-t-il ? Ou s'il n'existe de dieu que Dieu ? » L'unité chrétienne n'est pas une préoccupation mineure. C'est d'elle que dépend la conversion du monde perdu à la foi en Christ.

Ephésiens 4.2-6 présente « l'abc de l'harmonie chrétienne » : (A) Les attitudes essentielles et les actions nécessaires à l'unité chrétienne ; (B) La base pour l'unité à travers le lien de la paix ; et (C) Le contenu central de l'unité chrétienne. Envisageons les dans l'ordre inverse. Nous ne considérerons que brièvement les points C et B avant de nous concentrer sur le point A.

## LE POINT C : LE CONTENU CENTRAL DE L'UNITE CHRETIENNE (4.4-6)

L'unité chrétienne existe. Elle consiste en ces grandes réalités qui unissent les chrétiens. Les versets 4-6 énumèrent les sept réalités que prévoit le contenu central non négociable de l'unité chrétienne, qui existe déjà entre les chrétiens en dépit de notre diversité. Parce que nous partageons ces grandes réalités, les petites choses qui nous divisent restent infimes en comparaison.

**1.** Nous sommes un seul Corps. Les mots « un seul Corps » (4.4) insistent sur l'universalité de l'église. Il n'y a qu'une seule Eglise, et elle inclut tous les croyants. Tous les chrétiens sont membres du même corps de Christ.

> *Car, comme le corps est un et a plusieurs membres, et comme tous les membres du corps, malgré leur nombre, ne forment qu'un seul corps, – ainsi en va-t-il de Christ. … Ainsi le corps ne se réduit pas à un seul membre, mais il est formé de plusieurs membres. Si le pied disait : parce que je ne suis pas une main, je ne fais pas partie du corps, – ne ferait-il pas pour autant partie du corps ? Et si l'oreille disait : parce que je ne suis pas un œil, je ne suis pas du corps, – ne ferait-elle pas pour au-*

*tant partie du corps ? Si tout le corps se limitait à l'œil, où serait l'ouïe ? S'il était tout ouïe, où serait l'odorat ? Maintenant Dieu a placé chacun des membres dans le corps comme il l'a voulu. Si tous étaient un seul membre, où serait le corps ? Maintenant donc, il y a plusieurs membres, et un seul corps. L'œil ne peut pas dire à la main : je n'ai pas besoin de toi ; ni la tête aux pieds : je n'ai pas besoin de vous. Mais bien plutôt … Dieu a disposé le corps … afin qu'il n'y ait pas de division dans le corps, mais que les membres aient également soin les uns des autres. Et si un membre souffre, tous les membres souffrent avec lui ; si un membre est honoré, tous les membres se réjouissent avec lui.* (1 Corinthiens 12.12, 14-22, 24-26)

**2.** Nous partageons tous le don de l'esprit. Un seul esprit, le Saint Esprit, est la source de la vie de l'église. Ce n'est pas la couleur de ma peau, ma nationalité, mon accent, mon niveau d'études, ma classe sociale, mon revenu, mon travail, ma participation à la vie de l'église aucune de mes œuvres qui m'unissent à vous. C'est le Saint Esprit qui crée et conserve l'unité chrétienne.

**3.** Nous avons tous été appelés à une seule espérance. Prendre part au glorieux achèvement futur du plan rédempteur de Dieu pour l'univers entier est la seule espérance à laquelle tous les croyants sont appelés. Notre espérance est glorieuse (elle est plus que ce que nous pourrions demander ou imaginer), à telle enseigne que nous devrions nous réjouir de chaque bénédiction dans les cieux en Christ (1.3) ; que nous devrions être saints et irrépréhensibles devant lui (1.4) ; que nous devrions être les fils et les filles de Dieu (1.5) ; que nous devrions prendre part à son plan consistant à réunir toutes choses qui sont dans les cieux et sur la terre en Christ (1.9-10) ; que nous devrions prendre part à l'espérance de la résurrection des morts (1.15-23). Je dois aussi bien apprendre à aimer la famille avec laquelle je passerai l'éternité.

**4.** C'est à un seul Seigneur, Jésus Christ, que tous les chrétiens ont fait acte d'allégeance (4.5). Certes, nous venons de différents pays du monde ; nous parlons différentes langues avec des accents différents. Certes, les chrétiens appartiennent à des dénominations différentes ; nos particularités individuelles semblent étranges d'un individu à un autre. Certes, nos vêtements sont différents, de même que nos goûts, en matière de gastronomie, sont différents, et nos équipes sportives préférées sont différentes. Mais si Jésus Christ est seigneur, c'est que notre allégeance ultime est unique.

**5.** Nous partageons une seule foi. La foi unique est la même réponse de confiance et d'obéissance à Christ, ce qui constitue la base du salut que tous les chrétiens ont en commun.

**6.** Le baptême unique se réfère probablement au rite du baptême par immersion à travers lequel tous les croyants ont reconnu Jésus Christ comme Seigneur et sont devenus une partie de la communauté chrétienne visible (voir Romains 6.1-11 ; 1 Corinthiens 1.13, 12.13 ; Galates 3.26-28 ; Colossiens 2.11-3 ; 3.10-11) Paul considère simplement comme relevant de l'évidence le fait que si nous sommes chrétiens, c'est que nous avons été baptisés. Vous l'êtes, n'est-ce pas ?

**7.** Le seul Dieu est le « père de tous, qui est au-dessus de tous, et parmi tous, et en tous » (verset 6). La croyance en un « seul Dieu » est ce que les théologiens appellent le monothéisme. Etre monothéiste, c'est voir la réalité comme formant une seule pièce. C'est reconnaître que chaque chose qui existe tient son origine de ce seul Dieu et continue son existence vers ce seul Dieu (voir Romains 11.36). Tout ce qui existe qui n'est pas Dieu est la création de Dieu. Dieu est notre « ultime parent », le créateur « de tout ce qui existe ». Parce que Dieu est votre créateur et le mien, nous sommes des frères et sœurs en dépit des choses infimes qui peuvent nous diviser. Parce que ce même créateur a agi pour sauver sa création qui s'est rebellée, je suis doublement votre frère – par la création et par la rédemption. Ainsi donc, je devrais être doublement responsable de mes frères et sœurs.

# LE POINT B : LA BASE POUR L'UNITE ET LE LIEN DE LA PAIX (4.3)

La véritable vie chrétienne doit aussi être marquée par un vif désir de conserver l'unité de l'esprit. (4.3) « Conserver » ou maintenir l'unité, c'est la préserver et la protéger de la perte. Que nous ayons à conserver « l'unité de l'esprit » devrait nous rappeler que nous ne pouvons simplement créer cette unité. L'unité est vécue par les croyants sur la base de la mort réconciliatrice de Christ rendue personnelle par l'œuvre du Saint-Esprit. La réconciliation rassemble ceux qui étaient autrefois des ennemis en faisant d'eux des amis. La paix avec Dieu nous permet de vivre en paix avec les autres. L'esprit permet aux croyants, malgré nos différences, de rester unis comme le nouveau peuple de Dieu (voir 2.14-22). L'unité dans nos universités chrétiennes, dans nos églises et dans nos maisons n'est jamais magique ni automatique. Nous ne pouvons jamais considérer l'unité chrétienne comme acquise ; elle doit être une priorité – une haute préoccupation. Maintenir l'unité que Dieu a rendu possible n'est pas une option, c'est une obligation.

L'unité est un don fragile qui requiert une attention diligente et une protection à travers le lien de la paix (4.3). Le lien, la chaîne mutuelle qui maintient les chrétiens ensemble, est fait de paix. « Efforcez-vous de maintenir l'unité que donne le Saint-

Esprit par la paix qui vous lie les uns aux autres »
(4.3, *version Français courant*) Avez-vous récemment
réfléchi aux questions suivantes : Que faisons-nous
du lien qui nous unis / de nos cœurs unis en Christ ?
Tout est-il en ordre ? Y a-t-il des relations brisées qui
ont besoin d'être rétablies ? Y a-t-il des personnes
qui ont besoin de guérison ? Y a-t-il des excuses qui
n'ont pas été présentées ? Y a-t-il des pardons qui
ont été retenus ? Y a-t-il de la gratitude qui n'a pas
été exprimée ? Vous efforcez-vous de maintenir
l'unité que l'esprit vous a donnée ?

## LE POINT A : LES ATTITUDES ET LES ACTIONS NECESSAIRES A L'UNITE CHRETIENNE (4.2)

Ephésiens 4.2 décrit le caractère de la vie digne
de notre vocation à être le peuple de Dieu (voir Philippiens 2.1-4 ; Colossiens 3.12-15). Une telle vie se
caractérise par cinq qualités à l'image de Christ et
qui sont essentielles à une vie harmonieuse en communauté : l'humilité, la douceur, la patience, la tolérance et l'amour. Ephésiens 5 fait ressortir clairement que ces mêmes attitudes et actions sont
essentielles à l'harmonie dans la famille chrétienne.
Envisageons successivement ces cinq qualités.

**1.** Etre complètement **humble** requiert une
image de soi conforme à la vérité (voir Matthieu
11.29). C'est de n'avoir une vue ni trop élevée ni

trop basse de notre propre importance. Ce n'est pas prétendre être moins que nous ne sommes, ni plus que nous ne sommes. C'est avoir une estimation réaliste de nos forces et faiblesses. Etre humble, ce n'est ni se vautrer dans la boue, comme si nous n'étions que de simples animaux, ni imaginer que nous planons dans les airs, comme si nous étions des dieux. C'est de savoir que nous ne sommes que des créatures humaines, mais de savoir que nous sommes des créatures de Dieu. C'est de savoir que nous ne sommes pas encore comme il veut que nous soyons, mais Dieu merci, nous ne sommes plus ce que nous étions. Etre complètement humble, c'est être totalement honnête et réaliste à notre égard. C'est vivre sans prétention ou hypocrisie.

La communauté chrétienne devrait être un lieu où nous pouvons être complètement honnêtes envers nous-mêmes, un lieu où il n'est pas nécessaire de prendre des airs. Nous savons que nous sommes importants, non à cause de notre grandeur, mais à cause de ce grand amour de Dieu qui nous a été révélé en Christ. Notre Seigneur n'a pas fait de son égalité avec son Père une chose à laquelle il fallait s'accrocher, mais il s'est humilié et il est devenu un homme, un serviteur. Il a donné sa vie pour nous. Le suivrons-nous sur le sentier de l'humilité ? L'honnêteté totale envers nous-mêmes permettra à la plupart d'entre nous d'être moins critiques avec les autres ?

**2.** Avoir de la **douceur,** c'est être bienveillant et prévenant. Cela signifie ne pas insister sur nos droits aux dépens des autres. C'est traiter les autres de manière à tenir compte de leurs conditions avec égard et attention. C'est respecter les autres comme des créatures de Dieu qui ne doivent pas être utilisées comme des moyens d'atteindre nos fins égoïstes, mais comme des finalités en eux-mêmes. C'est traiter les autres avec la même compassion et le même respect que nous aimerions recevoir. C'est voir en chaque être humain une personne d'une valeur éternelle – une personne pour qui Christ est mort.

La douceur crée une atmosphère au sein de laquelle les personnes blessées peuvent trouver la guérison et leur intégrité. L'église est (ou devrait être) un lieu où les personnes offensées et qui portent les stigmates des épreuves de la vie – grands et petits – peuvent trouver de l'attention et des soins. Ce lieu est un hôpital pour les pécheurs pardonnés, et non une vitrine pour des spécimens déjà parfaits.

Etre doux, c'est être souples dans nos relations avec les autres. C'est avoir la volonté de s'ajuster et de s'adapter. C'est se préoccuper sérieusement des autres. C'est avoir la volonté de me changer moi-même pour vivre en harmonie avec les autres. Christ l'a fait.

**3.** Avoir la **patience** signifie être lent à se mettre en colère, par opposition à celui qui s'enflamme trop vite. Avoir de la patience, c'est donner aux autres une deuxième chance quand ils ont échoué – et une troisième, et une quatrième, et ainsi de suite. Vous souvenez-vous de l'histoire du serviteur impitoyable en Matthieu 18 ? La patience conduit à pardonner sans avoir été sollicité pour cela. La patience consiste à accorder aux autres le même bénéfice du doute que nous aimerions nous voir accorder quand nous avons failli. La patience, c'est considérer les autres moins pour ce qu'ils sont maintenant que pour ce qu'ils pourraient être par la grâce de Dieu.

Avoir de la patience, c'est donner aux autres le temps de changer. C'est accorder aux autres le bénéfice du doute. C'est attendre et espérer le meilleur. Ce n'est pas rechercher des raisons de condamner et de critiquer les autres. Mais c'est donner aux autres et à leur comportement la meilleure interprétation possible.

**4.** La **tolérance** signifie se supporter les uns les autres. C'est donner aux autres la liberté d'être différents et les accepter dans tous les cas, sans réserve. C'est réaliser que nous ne devons pas re-créer les autres à notre image. Nous pouvons les laisser être eux-mêmes. Nous ne leur donnons pas seulement le temps de changer, mais aussi un espace pour rester eux-mêmes – même si cela signifie qu'ils doivent demeurer pour toujours différents de nous. Ce n'est pas seulement apprendre à s'habituer aux particularités des autres, mais aussi à en venir à apprécier leur singularité comme un don spécial de Dieu à l'église.

Pratiquer la tolérance, ce n'est pas simplement accepter quelque chose de différent, c'est se réjouir dans la diversité. C'est affirmer que le bien existe chez les autres malgré leurs différences. Imaginons un instant à quoi ressembleraient nos jardins si nous les traitions comme nous traitons les personnes. N'aurions-nous que des fleurs blanches ? Ou que des marguerites ? A présent, rappelez-vous le plus beau jardin que vous ayez jamais vu. N'était-ce pas un de ces jardins avec une grande diversité et caractérisé par une harmonie inhabituelle ? Si je suis tolérant, je te permettrai d'être toi-même.

**5.** Toutes ces qualités ne sont que des expressions concrètes de **l'amour** dans les situations réelles de la vie. L'amour c'est l'humilité, la douceur, la patience et la tolérance en action. L'amour n'est pas essentiellement une émotion, ni même une disposition. C'est une bonne volonté active cherchant ce qui, à long terme, représente les meilleurs intérêts des autres. « Christ a aimé l'église, et s'est livré lui-même pour elle, afin de la sanctifier » et de la rendre « sainte » (Ephésiens 5.25-27). Ainsi, c'est dans les sphères de l'amour authentique exprimé à travers les relations personnelles que la sainteté trouve son expression la plus éloquente et la plus persuasive dans la vie de tous les jours. C'est le plan de Dieu que l'église soit sainte et irrépréhensible devant lui dans l'amour (Ephésiens 1.4).

Peut-être avez-vous entendu parler de ce vieux célibataire qui était psychologue pour enfants. Il donnait constamment des conférences à ses voisins qui avaient des enfants, les exhortant à ne pas frapper les enfants, mais à tout juste les aimer. Mais un samedi matin, il coulait du ciment dans l'arrière-cour, lorsque deux gamins vinrent, en courant dans tous les sens, traverser et marcher sur le ciment encore frais. Sans réfléchir, il les saisit et leur administra une bonne fessée.

Les voisins qui l'avaient observé durant tout ce temps étaient étonnés : « Que faites-vous de votre théorie qui dit : ne les fessez pas, aimez-les seulement ? »

Il répliqua : « Oh, ça c'était dans l'absolu, mais là, ils étaient dans le concret ! » L'amour qui n'agit pas dans le concret n'est que verbiage. La théorie doit s'exprimer dans la pratique.

« L'amour », ce qui est plus que dans l'abstrait, qui agit même dans le concret, même ici bas avec les saints que nous connaissons – l'amour authentique - exige d'accorder aux autres du temps et de l'attention (1.4 ; 3.17 ; 4.15-16). Cela signifie placer leurs intérêts au-dessus des miens. Cela signifie être humble, doux, patient et tolérant.

Si nous nous aimions tous les uns les autres de cette merveilleuse manière, il n'y aurait aucune occasion pour un quelconque chrétien de prendre l'avantage sur un autre. Tous aideraient et seraient aidés. Nous laisserions tous tomber nos défenses et serions nous-mêmes. Je pourrai être totalement honnête avec vous et vous avec moi, et vous ne craindriez jamais que j'utilise ma connaissance de vos faiblesses pour vous blesser. Je pourrais patiemment attendre que vous changiez, et même si vous ne changiez jamais, je serais assez tolérant.

Tout cela semble bien chimérique, n'est-ce pas ? Mais vivre de cette manière dans ce monde implique un grand risque. Qu'en sera-t-il si je fais le premier pas et que vous prenez l'avantage sur moi ? Qu'en sera-t-il si je m'humilie pendant que les autres se donnent de grands airs ? Qu'en sera-t-il si je suis doux et qu'on me manipule pour parvenir à des fins égoïstes ? Qu'en sera-t-il si je suis patient alors que les autres semblent démarrer au quart de tour ? Qu'en sera-t-il si je suis tolérant et que les autres ne m'acceptent pas ? Qu'en sera-t-il si je me donne totalement dans l'amour chrétien et que les autres agissent comme s'ils ne pouvaient avoir un peu d'égard à mon endroit ? Qu'en sera-t-il même si je suis crucifié ? Dieu ne permettrait sûrement pas que cela arrive à ses enfants. Le permettrait-il ? Si je me dis que me protéger est plus important que la souffrance du serviteur, alors, j'ai besoin de regarder de nouveau à la croix.

L'amour doit être pratiqué par les œuvres. Les paroles ne suffisent pas. Peut-être avez-vous déjà lu cet autocollant : « Klaxonnez si vous aimez Jésus ». Balivernes ! Si vous aimez Jésus, démontrez-le en étant humble, doux, patient, tolérant et aimant envers les autres.

Les chrétiens de toute la terre devraient vivre de cette manière ; cela semble tellement logique, irrésistible, et conforme à l'image de Christ. Pourquoi donc n'en est-il pas ainsi dans la vie réelle dans la communauté ? Je vois plusieurs raisons. Mais ce que je veux dire, c'est simplement ceci : nous devons apprendre à faire la différence entre les questions relatives au bien et au mal et celles qui sont uniquement relatives au goût.

Qui a raison ? Il est tout simplement impossible de négocier des différences sur des questions liées au goût. Et pourtant, un accord sur cette question est certainement aussi important au salut que ne le sont les autres sujets sur lesquels les chrétiens se disputent : les goûts musicaux différents, l'habillement, la culture, les styles d'adoration, etc. Il ne s'agit pas de suggérer qu'il n'y a pas d'absolus. Certaines choses sont clairement et évidemment mauvaises et ne pourront jamais être tolérées. Nous devons apprendre à distinguer ce qui est bien de ce qui est mauvais. L'amour ne doit pas être aveugle dans le domaine de l'éthique. L'amour authentique ne m'autorisera pas à fermer les yeux sur le mal. Selon Romains 12.9, l'amour authentique signifie avoir le mal en horreur et s'attacher fortement au bien.

Il ne s'agit pas non plus de suggérer que ce qui est moralement neutre est également bénéfique. Nous devons apprendre à faire la différence entre ce qui est simplement urgent et ce qui est véritablement important ; entre ce qui est ultimement essentiel et ce qui, en fin de compte, n'est qu'une option ; entre le bon, le mieux et le meilleur (voir Philippiens 1.9-10). Les décisions concernant de pareilles choses sont mieux prises dans le contexte d'une communauté chrétienne unie caractérisée par l'humilité, la douceur, la patience, la tolérance et l'amour.

Dieu a fait tout ce qui est nécessaire pour le corps de Christ afin qu'il soit une force dans le monde, en ferons-nous une farce ? Passerons-nous notre temps à faire semblant d'être l'église ? Ou serons-nous l'Eglise ? Parlerons-nous uniquement de la sainteté ou apprendrons-nous la signification de la sainteté dans la vie de tous les jours ?

Approprions-nous la grâce de Dieu afin d'être maintenant ce qu'il nous a appelés à être. Vivons des vies qui sont dignes de son appel à être ses représentants sur cette planète. Préservons l'unité qu'il a donnée. L'unité véritable n'est pas une chose que de simples humains peuvent créer par des négociations et des compromis. L'unité est une chose qui peut exister là où deux ou trois se réunissent avec seulement Christ en commun (Matthieu 18.19-20). L'unité n'est ni automatique, ni magique. Elle en appelle à l'humilité, à la douceur, à la tolérance, à la patience et à l'amour dans les situations réelles de la vie. Nous ne devons pas maintenant nous abandonner les uns les autres, alors que nous attendons les changements que Christ apportera dans l'avenir.

*Vivre là haut avec les saints que nous aimons,*
*Oh ! Ce sera la gloire !*
*Et vivre ici bas avec les saints que nous connaissons*
*C'est là seulement que commencera cette histoire !*

# NOTES

## Chapitre 1

[1]John Wesley, « On Sin in Believers » 2.4 (paraphrase) en *The Works of John Wesley,* 3ème édition, 14 vols. (Kansas City: Beacon Hill Press of Kansas City, 1978) 5.146-147, 1549, 151.

## Chapitre 2

[1] Ernst Kasemann, *Commentary on Romans,* traduit et édité par Geoffrey W. Bromiley (Grand Rapids : Eerdmans, 1980), 28.

[2] Ibid.

[3] Il ne s'agit pas du temps aoriste du verbe « offrir » mais l'imaginaire du sacrifice qui justifie cette affirmation. Trop de choses ont déjà été écrites sur le temps aoriste dans la tradition de versets bibliques sur la sainteté tels que celui-ci. La grammaire Grec à elle seule est un fondement insuffisant pour défendre la position qui affirme que l'entière sanctification commence lors d'un moment de crise survenant après la nouvelle naissance. Une génération plus ancienne de spécialistes de la tradition de la sainteté (Daniel Stelle et Olive Winchester) ont exagéré la preuve grammaticale de l'entière sanctification comme étant une « seconde œuvre définie de grâce. » Pour avoir des avertissements appropriés sur

la dépendance excessive sur de tels arguments, voir « The Baptism of the Spirit- Continued, » dans le *Wesleyan Theological Journal* 15, no 2 (1980) : 74-75 ; et « The Us e of the Aorist Tense in Holiness Exegesis » par Randy Maddox dans *Wesleyan Theological Journal 16, no.2 (1981) : 106-18.*

## Chapitre 3

1 Ernst Kasemann, *Commentary*, 328.

2 Ibid., 329.

3 Ibid., 327-329.

4 Elton Trueblood, *The Incendiary Fellowship (New York : Harper and Row, 1967), 31-32.*

5 Garrison Keillor, *Lake Wobegon Days* (New York : Viking, 1985), 254.

# Table des Matières